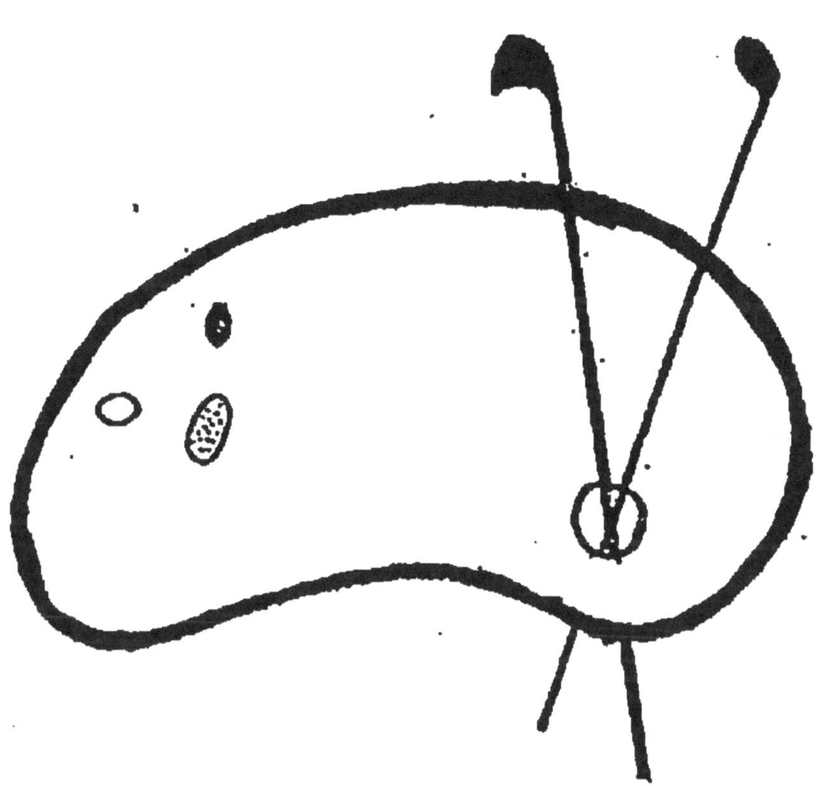

DEBUT D'UNE SERIE DE DOCUMENTS
EN COULEUR

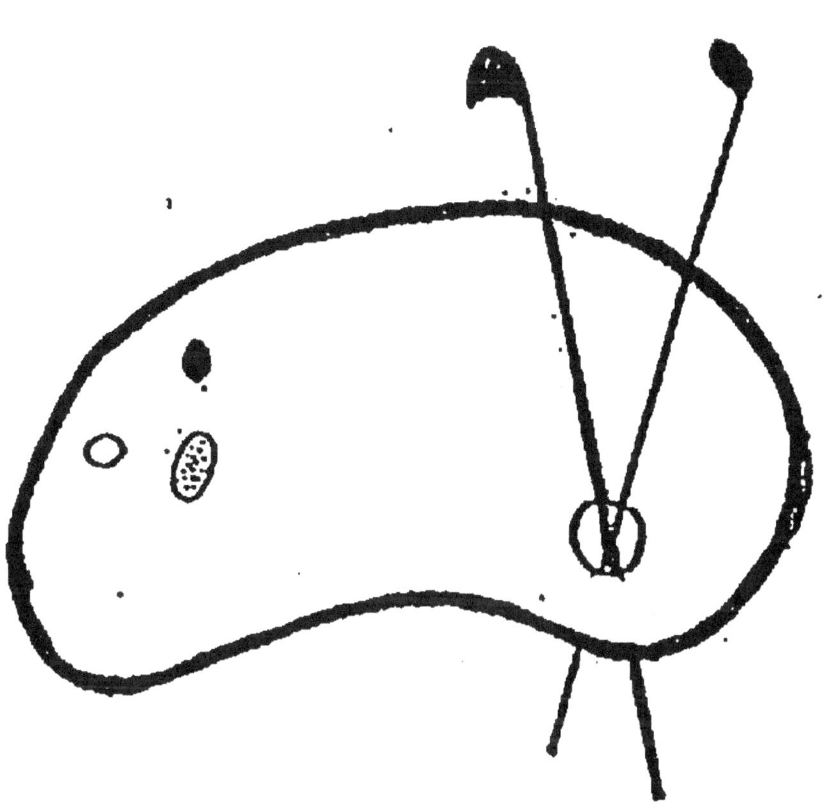

FIN D'UNE SERIE DE DOCUMENTS
EN COULEUR

LE NOUVEAU PLAN D'ÉTUDES

DE

L'Enseignement Secondaire

LES CADRES — L'ESPRIT

LOUIS LIARD

Membre de l'Institut

Vice-Recteur de l'Université de Paris

LE NOUVEAU PLAN D'ÉTUDES

DE

L'Enseignement Secondaire

LES CADRES — L'ESPRIT

PARIS

ÉDOUARD CORNELY, ÉDITEUR

101, RUE DE VAUGIRARD, 101

1903

LE NOUVEAU PLAN D'ÉTUDES

DE

L'ENSEIGNEMENT SECONDAIRE[1]

LES CADRES — L'ESPRIT

MESSIEURS,

En ouvrant cette séance, ma pensée, comme aussi la vôtre, va tout d'abord au grand serviteur de l'Université et de l'État qui a tenu si longtemps cette place avec une autorité, un éclat, une grâce et une sagesse qui ne se retrouveront plus réunis. Après un labeur d'une intensité, d'une fécondité et d'une durée sans pareilles, M. Gréard a pensé qu'il avait droit à un repos relatif. Dans sa retraite, attristée par le deuil, je

1. Discours prononcé à l'ouverture du Conseil académique de Paris, le 26 novembre 1902.

suis sûr que l'hommage et la reconnaissance du Conseil académique, pour qui, si je ne me trompe, il eut toujours une prédilection, lui seront une douceur. En votre nom à tous, comme au mien, je lui en adresse l'expression respectueuse.

Depuis la dernière session du conseil, il a été édicté un nouveau plan d'études et de nouveaux programmes d'enseignement pour les lycées et collèges de garçons. Dans quelles circonstances, après quelles enquêtes et quelles consultations, après quelles études et quels débats, vous le savez. Jamais travaux préparatoires d'un changement de législation ne furent plus amples, plus méthodiques et plus approfondis. Il en est sorti un certain nombre de règles générales, formulées d'accord par le gouvernement et les deux Chambres, et qui, sans avoir la forme d'un texte de loi, ont cependant pour nous la force impérative de la loi; puis, dans les cadres déterminés par les pouvoirs souverains et conformément aux principes posés par eux, des programmes d'enseignement, délibérés en Conseil supérieur de l'Instruction publique, après l'avis des maîtres les plus compétents.

Vue de l'extérieur, cette nouvelle organisation

de notre enseignement secondaire des garçons présente les traits que voici :

Tout d'abord, la disparition de deux épithètes. Nous avions en face l'un de l'autre, parfois en antagonisme, un enseignement secondaire *classique*, et un enseignement secondaire *moderne*. Il y a maintenant un enseignement secondaire, sans seconde épithète.

L'enseignement classique durait une année de plus que l'enseignement moderne. L'enseignement secondaire aura désormais pour tous une même durée de sept ans.

Enseignement classique et enseignement moderne formaient chacun une série continue d'études, sans coupure régulière et prévue. Sur les sept années qu'elles occuperont, les diverses disciplines de l'enseignement secondaire seront désormais groupées et coordonnées en deux cycles, l'un de quatre ans, l'autre de trois, de façon que l'élève qui, pour telle ou telle cause, voudra quitter le lycée avant les classes dernières, le pourra faire sans trop de dommage, muni, après le premier cycle, d'un bagage de connaissances, modeste sans doute, mais formant un ensemble.

Suppression de la différentielle *classique* et de

la différentielle *moderne*, égalité de durée : c'est l'unité de l'enseignement secondaire.

Mais cette unité ne pouvait être uniformité. La surcharge est le mal dont souffre l'enseignement secondaire depuis plus de cinquante ans. Au commencement du XIXe siècle, il était grec, latin, français, mathématiques et philosophie. Sont venues tour à tour y demander place, et l'y ont obtenue, légitimement, l'histoire, la géographie, les langues vivantes, la physique, la chimie, les sciences naturelles, et comme, depuis un demi-siècle, toutes ces disciplines, les anciennes et les nouvelles, ont perfectionné leurs méthodes et multiplié leurs résultats, comme les anciennes, fortes de leur passé et de leurs services, tout en reconnaissant aux autres droit de cité, n'entendaient pas leur céder la place, il en est résulté, aux programmes, des additions continues, sans retranchements corrélatifs, et la masse est allée s'accroissant démesurément, menaçant d'écraser les intelligences. Car un cerveau d'enfant ou d'adolescent, contînt-il en puissance un Aristote ou un Leibniz, est toujours un cerveau d'enfant ou d'adolescent; il ne peut tout tenir, et vouloir y tout verser est aller contre nature. Ce qu'on a appelé les crises de l'enseignement secondaire tient en grande partie à la croissance même des sciences humaines, et à la difficulté d'en faire des mélanges divers, adaptés à la capacité et à la variété des intelligences.

Tous les systèmes essayés depuis 1850, bifurcation, enseignement spécial, enseignement moderne premier modèle, enseignement moderne second modèle, ont été des tentatives pour résoudre ce problème : puisqu'il n'est pas possible, en un cours d'études secondaires, d'introduire à doses égales, dans une jeune intelligence, tout ce qu'idéalement il serait bon qu'elle possédât, faire des matières essentielles des mélanges divers, où chacune d'elles entre en proportions déterminées, suivant sa vertu éducative et suivant ses effets pratiques.

L'idéal à coup sûr serait d'avoir autant de ces dosages qu'il y a d'esprits à former, car il n'y a pas deux esprits identiques. Mais c'est chose impossible dans l'éducation commune. Là, il faut se résigner à un certain nombre de types, qui répondent à la moyenne des aptitudes et des vocations.

C'est ce qu'on a essayé de faire, avec plus de variété qu'auparavant, dans le nouveau plan d'études et dans les nouveaux programmes. Je ne disconviendrai pas que les dosages ont été parfois empiriques, que parfois ils ont moins été calculés organiquement qu'acceptés comme des compromis entre des exigences rivales. Le mal n'est pas sans remède, si l'on veut bien être convaincu que les programmes ne sont pas des blocs cristallisés, aux arêtes inflexibles, mais des choses souples et vivantes, et qu'il appartient aux maîtres, après entente entre eux, de les mettre chaque année au point, suivant ce que sont les élèves que l'année leur apporte.

Pour revenir à l'aspect extérieur de notre plan d'études, le premier cycle offre deux types : l'un avec le latin, l'autre sans le latin, le premier avec le grec facultatif à partir d'un certain moment, tous deux avec les langues vivantes, enseignées d'après les méthodes directes, puis l'histoire et la géographie, et enfin les sciences, à doses variables, de façon que le type sans latin soit déjà caractérisé par la prédominance des sciences abstraites et des sciences de la nature.

Avec le second cycle, la variété s'accroît. Les deux types du premier cycle donnent naissance à quatre types, grec-latin, latin-sciences, latin-langues vivantes, sciences-langues vivantes, qui, au sommet, se rapprochent et se fondent en deux classes : notre vieille *philosophie*, qu'il faut conserver, tout en essayant d'y réduire une dialectique excessive et d'y développer l'esprit scientifique, et les *mathématiques* qui, dans l'organisation générale de notre enseignement national, sont la transition du collège aux grandes écoles ou aux facultés des sciences.

Entre ces différents types, les familles choisiront, suivant ce qu'elles voudront pour leurs enfants, suivant leurs aptitudes, leurs goûts et leur destination. Elles choisiront sans péril. puisque chaque type forme un système complet; elles choisiront sans contrainte, puisque désormais le souci des sanctions inégales attachées à deux baccalauréats différents ne pèsera plus sur leur choix.

En effet, le baccalauréat sera un, comme l'enseignement lui-même. De même que l'enseignement a ses types divers, il aura ses séries différentes d'épreuves et ses mentions diverses. Mais pratiquement, en droit, toutes les mentions auront les mêmes effets, et par là s'achève, dans la diversité, l'unité fondamentale de l'enseignement secondaire.

Voilà pour l'aspect extérieur. Vu de dedans

— et c'est la vue qui importe le plus — le nouveau plan d'études apparaît comme la tentative d'un enseignement secondaire à forme classique sur une matière moderne. Et ici les deux épithètes disparues reparaissent, mais en d'autres places et avec d'autres sens.

Nous avons eu, nous avons encore notre querelle des anciens et des modernes. Le nouveau plan d'études voudrait y mettre un terme, non par une défaite, non par une réconciliation, le mot ne serait pas tout à fait juste, plutôt par une ·conciliation, ou, mieux encore, par une alliance.

Chacun sait que toute éducation est à la fois culture et provision. Il s'agit à la fois de former les esprits et de les munir. Il faut donc traiter les facultés en elles-mêmes et les traiter aussi en référence à un milieu donné; car c'est dans un milieu donné, dans un milieu réel, que nos enfants auront à vivre et à agir.

Il est deux grands modes de culture, la culture classique et la culture scientifique. Je n'ai pas à les décrire ici: il suffira de les caractériser par quelques-uns de leurs résultats. La culture classique qui, en France, est de tradition depuis la Renaissance, et qui a été un de nos honneurs, une de nos gloires, apprend à connaître le sens plein des mots et leurs rapports exacts avec les idées, à en faire de belles et régulières ordonnances, à saisir jusque dans leurs nuances les plus délicates les sentiments de l'âme, à faire avec les mots des assemblages expressifs qui répondent aux mélanges infinis des sentiments, à comprendre et à goûter les formes les plus variées de la beauté, à voir en toute question ce qui est général et humain; enfin, elle transmet d'âge en âge, avec les textes des classiques et les livres des philosophes, un vieux fonds de vérité, de sagesse et de générosité qui est le legs des siècles disparus aux nouveaux venus de l'humanité pensante et sentante.

En face de cette culture s'est peu à peu constituée, avec le progrès continu des sciences, la culture scientifique au sens large du mot. Celle-là aussi, qu'elle soit histoire, géographie, mathématiques, physique, chimie, science de la nature vivante, apprend à lier les idées, mais suivant des rapports nécessaires ou réels. Elle a pour but la constatation des faits, la connaissance des lois qui les unissent, en un mot la preuve de vérités qui s'imposent. Elle est un instrument de méthode, de précision, d'exactitude, de discipline individuelle et de discipline collective ; elle révèle à l'homme sa puissance et lui en donne la mesure et les limites ; en même temps elle est philosophie à sa manière, et si les constructions audacieuses des métaphysiques lui sont inconnues, elle enseigne que tous les phénomènes, même opposés en apparence, sont liés par des rapports constants et que, par le réseau de ses lois, le monde est harmonie et unité.

Employé seul, chacun de ces modes a ses défauts. La culture classique, en s'adressant surtout aux facultés d'imagination et de sentiment, excite sans doute l'invention artistique : mais, par là même, elle porte l'homme à supposer, à la façon des poètes, beaucoup de choses qu'il lui serait possible de savoir avec exactitude et qu'il vaut mieux savoir de cette façon. Si dans notre pays de France nombre d'esprits cultivés ont tendance à se créer, chacun pour soi, un monde idéal que chacun tient pour le meilleur, au lieu d'observer le monde réel tel qu'il s'étend devant tous, la culture classique y est pour quelque chose. Sans la charger, comme l'a fait Taine, de tous les péchés de la Révolution et des temps qui l'ont suivie, il faut convenir qu'en agissant seule, sans contrepoids, elle pourrait développer l'esprit de chimère et de système, et conduire à l'incoordination des intelligences et des volontés. Il faut convenir aussi que, depuis les jours de la Renaissance, où forme et fond ne faisaient qu'un, où, en face de la scolastique et de la théologie, l'antiquité retrouvée n'excitait pas moins d'enthousiasme par la liberté de ses idées que par la beauté de sa forme, peu à peu, de siècle en siècle, l'humanisme, tout en restant le véhicule de ce qu'il y a d'éternellement humain dans la sagesse du passé, a cessé de contenir la somme de connaissances nécessaires à la vie des nations, et que, par un dépérissement fatal, s'il devait être aujourd'hui un instrument exclusif d'éducation, il ne serait plus qu'une culture formelle à substance appauvrie.

De son côté, une culture scientifique exclusive aurait de graves défauts. Par elle seraient taries des sources qu'il est bon de tenir toujours vives, celles-là mêmes qu'entretient la culture classique : par elle aussi, malgré l'apparent paradoxe, pourrait être compromise la force d'invention, qui, de toutes les forces, est la plus féconde. Démontrer et prouver sont une chose : découvrir en est une autre. Dans les sciences, non moins que dans les arts et dans les lettres, l'invention relève de l'imagination ; là comme ailleurs, il s'agit de trouver des rapports jusqu'alors demeurés invisibles. L'esprit de finesse y réussit mieux que l'esprit géométrique, et pour l'aiguiser et l'exciter mieux vaut, si je ne me trompe, l'analyse des sentiments et des idées, avec ses montées d'enthousiasme, que la preuve des vérités acquises.

La conclusion, c'est qu'au lieu d'isoler deux cultures, il faut les unir et les mettre d'accord. Réalisé, cet accord serait, sans prétention à un impossible encyclopédisme, la vraie culture intégrale, puisque des parts proportionnelles seraient faites aux deux objets de l'esprit, l'idéal et le réel, aux deux facultés maîtresses de l'intelligence, l'imagination avec la déduction, l'induction avec l'observation.

Cette mise en harmonie, au fond, on se l'est proposée depuis cinquante années dans les différents plans d'études qui se sont succédé. On la poursuit d'une façon plus consciente, plus nette et tout à fait résolue par le dernier. Il est inexact de dire qu'on ait sacrifié l'enseignement classique à l'enseignement réel. Dans chacun de nos types, il y a du classique, il y a du réel, à doses différentes, sans doute, et c'était nécessaire, car il serait funeste, avec la variété native des intelligences, avec la diversité croissante des fonctions sociales, de vouloir former tous les esprits suivant le même modèle, et munir toutes les activités des mêmes instruments: mais, dans aucun de ces types, l'un des deux éléments essentiels n'est sacrifié à l'autre. A coup sûr nous aurons moins d'élèves faisant du grec, ou censés en faire. Mais, aux plus beaux jours des études classiques, combien en faisaient avec fruit? Il y a une quarantaine d'années, en rhétorique, à Charlemagne, nous étions quatre-vingt-dix. Sur ce nombre, dix tout au plus savaient du grec. Vraiment, les autres n'étaient-ils pas un peu sacrifiés? Et la sélection impose-t-elle un si large déchet?

Nous ne renonçons donc à rien de ce qui a été un des honneurs de notre génie national, ni à la mesure, ni au goût, ni à la clarté, ni aux logiques et belles ordonnances, ni à l'imagination, ni, comme l'a dit M. Georges Leygues, le ministre qui a fait aboutir cette réforme, « au culte de la raison libre et claire, ni à la recherche de la beauté harmonieuse et simple dans toutes les manifestations de la pensée », et si nous avons renoncé à la rhétorique, à la rhétorique vaine et formelle, nous ne renonçons pas pour cela à l'éloquence. Nous ne renonçons à rien, mais nous voulons autre chose.

Nous voulons que, de plus en plus, les jeunes Français soient formés à voir avec exactitude les réalités de la nature et celles de l'humanité: que, « sous la paille des mots, comme disait Leibniz, ils sachent découvrir le grain des choses »; qu'ils s'habituent à constater les faits, à s'en rendre compte, à savoir comment ils se produisent, comment ils se lient, comment ils se modifient et dans quelle mesure l'homme peut, sans illusion, espérer de les modifier. Nous voulons que, progressivement, au cours de leurs études, ils soient avertis, peu à peu, de ce qui est; qu'ils emportent du collège un certain nombre de notions justes sur ce qu'est l'homme dans la nature, leur temps dans les temps, leur nation dans les nations, leur pays dans le monde et le monde autour de leur pays, et qu'ils n'en sortent pas comme des oiseaux effarés et incertains, d'une volière close, dans des espaces inconnus. Nous voulons qu'avec une provision d'idéal sans chimère, ils soient munis déjà de connaissances positives et qu'ils n'aient pas appris à comprendre seulement pour exprimer, mais surtout pour agir.

Cela, nous le voulons parce que nous en avons besoin. Et, ici, je retrouve ce qui doit être le second but de toute éducation publique. à savoir la référence de ses disciplines à un milieu donné. Ce milieu, c'est la France, la France telle qu'elle est au commencement du xx siècle, avec ses transformations politiques, ses transformations sociales, ses transformations économiques, avec les contre-coups qu'ont fatalement sur elle les transformations qui s'accomplissent dans toutes les nations de l'ancien monde et du nouveau. Partout ce sont d'intenses courants, courants d'idées, courants de science, courants de richesses ; mise en valeur du sol, des forces de la nature et des forces de l'homme. Les âges classiques, qui furent grands, mais d'une autre grandeur, n'ont connu rien de pareil. On peut regretter que les temps soient changés, regretter aussi les vies doucement coulées au charme des belles choses. Ces vies-là, bien peu les connaîtront maintenant. Il faut agir, sous peine de dépérir ; il faut affronter les courants, sous peine d'être laissé au rivage, comme une épave. Aussi un enseignement national qui ne serait pas résolument moderne par la substance et par l'esprit ne serait-il pas simplement un anachronisme inoffensif; il deviendrait un péril national.

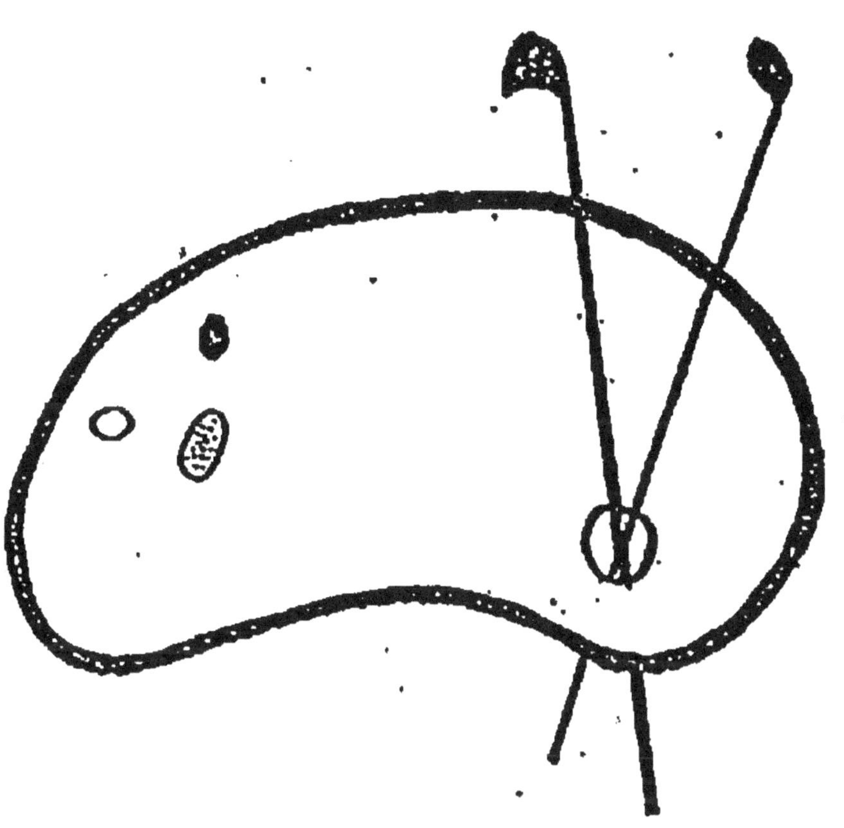

ORIGINAL EN COULEUR

NF Z 43-120-8